黔南
非物质文化遗产图文集

QIANNAN FEIWUZHI WENHUA YICHAN TUWENJI

罗 林 主编

经济日报出版社
THE ECONOMIC DAILY PRESS

图书在版编目（CIP）数据

黔南非物质文化遗产图文集 / 罗林主编. -- 北京：经济日报出版社，2022.8
ISBN 978-7-5196-1136-1

Ⅰ. ①黔… Ⅱ. ①罗… Ⅲ. ①非物质文化遗产－黔南布依族苗族自治州－图集 Ⅳ. ①G127.732-64

中国版本图书馆CIP数据核字(2022)第128547号

黔南非物质文化遗产图文集

主　　编	罗　林
责任编辑	宋潇旸
助理编辑	杨保华
责任校对	李艳春
出版发行	经济日报出版社
地　　址	北京市西城区白纸坊东街2号A座综合楼710（邮政编码：100054）
电　　话	010-63567684 （总编室）
	010-63584556 （财经编辑部）
	010-63567687 （企业与企业家史编辑部）
	010-63567683 （经济与管理学术编辑部）
	010-63538621　63567692（发行部）
网　　址	www.edpbook.com.cn
E - mail	edpbook@126.com
经　　销	全国新华书店
印　　刷	四川科德彩色数码科技有限公司
开　　本	787mm×1092mm　1/16
印　　张	8
字　　数	103千字
版　　次	2022年8月第1版
印　　次	2022年8月第1次印刷
书　　号	ISBN 978-7-5196-1136-1
定　　价	98.00元

版权所有　盗版必究　印装有误　负责调换

编委会

主　任：冉崇永

副主任：宋志伟　张学亮　郭一鸣　徐　文　向兆国
　　　　覃志雄　邓云菊　潘兴发

成　员：陈萍昭　肖青华　周　甜　吴丽华　黄铭尉
　　　　丁　鸿　梁　黔　霍永萍　吴宗提　石应喜
　　　　姜俊峰　陈　芳

主　编：罗　林

副主编：陈守国　卢延庆　王克松　陈显勋　赵海波

编辑、撰稿、策划：罗　林

封　面：布依族枫香染图案

黔南自治州非物质文化遗产概况

黔南是一个具有悠久历史文化的少数民族自治州，州内居住有汉族、布依族、苗族、水族、瑶族、毛南族等43个民族，少数民族占总人口的59%，民族民间文化遗产绚丽多姿，异彩纷呈，总体可概括为布依族文化的典型性，苗族文化的多样性，水族文化的唯一性，毛南族文化的独特性和瑶族文化的神秘性。这些珍贵的民族民间文化大多依靠口耳相传、心手相授的形式世代传承，导致其在文化环境发生巨变的新时期面临生存考验，因此，抢救性保存与保护成了守住民族文化、守住精神家园的重要手段。

从2006年开始，黔南州便持续不断地开展非物质文化遗产普查摸底及名录项目申报工作。目前，黔南州有国家级非物质文化遗产名录15项，省级非物质文化遗产名录106项（111处），州级非物质文化遗产名录207项（215处）。有国家级项目代表性传承人8人、省级48人、州级204人。基本形成比较规范的国家、省、州、县四级非物质文化遗产名录保护与传承体系。

黔南州已经申报为县级以上非物质文化遗产保护名录的民族文化资源共有14大类300余项，主要有：

民间文学：包括神话、传说、故事、歌谣、史诗、长诗、谚语、谜语等。如惠水县的神话《太阳和月亮》、福泉市的《张三丰的传说》、布依族的《甲金的故事》等。

民间音乐：包括民间歌曲、器乐曲、舞蹈音乐、戏曲音乐、曲艺音乐、部分民间祭祀仪式音乐。如惠水县的布依族民歌《好花红》、贵定县的布依族山歌《九板十三腔十八调》、都匀市的绕家"呃嘣"大歌等。

民间舞蹈：包括生活习俗舞蹈、岁时节令习俗舞蹈、人生礼仪舞蹈、宗教信仰舞蹈、生产习俗舞蹈。如贵定县的苗族芦笙长鼓舞、平塘县的毛南族打猴鼓舞、三都县的水族斗角舞等。

曲艺戏剧：如少数民族的戏曲剧种、民间小戏剧种、傩及祭祀仪式性的戏曲剧种、傀儡戏曲剧种。如独山县的独山花灯、福泉市的福泉阳戏等。

传统体育与竞技：包括体育、杂技、杂耍等，如荔波县的瑶族打陀螺、平塘县的布依族民间绝技等。

民间美术：包括绘画、雕塑、工艺、建筑。如都匀市的水族剪纸、惠水县的布依族灵堂画、龙里县的苗族农民画等。

民间手工技艺：包括工具和机械制作、农畜产品加工、烧造、织染缝纫、金属工艺、编织扎制、髹漆、造纸、印刷和装帧等，如三都县的水族马尾绣、独山县的龙凤背带制作工艺、惠水县的枫香染制作技艺等。

人生礼仪：包括妊娠习俗、分娩习俗、诞生和命名习俗、满月礼、百日礼和周岁礼、成年礼、婚礼、离婚习俗、寿诞礼、葬礼习俗禁忌等，如三都县的水族婚俗、惠水县的苗族婚俗等。

岁时节令：包括节气与习俗、传统节日习俗。如都匀市的苗族"六月六"、惠水县的布依族"七月半"、平塘县的清水"六月六"等。

民间信仰：包括原始信仰、俗神信仰、庙会、祖先信仰、生殖信仰、商业信仰、精灵信仰等。如都匀市的布依族扫寨、独山县的独山愿灯、福泉市的观音会等。

除以上类别外，黔南州还有民族语言、民族传统医药、民族天文历法等独特的非物质文化遗产资源。

经过不断宣传、展示和外出交流活动，黔南州三都水族马尾绣、水族端节、平塘牙舟陶、独山花灯戏、都匀毛尖茶、惠水枫香染等一批国家级和省级项目知名度和对外交流水平进一步提升，一批具有民族特色的非物质文化遗产传统工艺项目逐步产业化，通过申请国家级和省级项目资金帮扶，黔南州国家级非遗项目水族马尾绣已带动当地千余名农村留守妇女脱贫致富，都匀毛尖茶远销上海、北京、深圳、广州等大城市，平塘牙舟陶成为平塘天眼景区外来游客喜爱的旅游纪念品，助农增收效果明显。

CONTENTS 目 录

国家级非物质文化遗产

水书习俗 / 3
水族端节 / 4
水族马尾绣 / 5
鼓龙鼓虎·长衫龙 / 6
瑶族猴鼓舞 / 7
牙舟陶器烧制技艺 / 8
毛南族打猴鼓舞 / 9
枫香染制作技艺 / 10
好花红调 / 11
独山花灯 / 12
布依族傩戏 / 13
布依族医药（益肝草秘方）/ 14
都匀毛尖茶制作技艺 / 15
水族剪纸 / 16
旭早 / 17

省级非物质文化遗产

布依族扫寨 / 21
水族婚俗 / 22
新场苗族祭天神 / 23
绕家"呃嘣"大歌 / 24
水族"夺咚" / 25
水族银饰制作技艺 / 26
布依族蓝靛染织技艺 / 27
匀酒酿造技艺 / 28
瑶族"过冬" / 29
瑶族板凳舞 / 30
苗族服饰 / 31
清水江杀鱼节 / 32
福泉阳戏 / 33
6·24民族节日活动——二郎歌会 / 34
阔龙水花灯 / 35
张三丰传说 / 36
苗族麻布制作技艺 / 37
布依族"龙王节" / 38
灯夹戏（福泉市）/ 39
苗族搓梗仔采阿诗舞 / 40
灯夹戏（瓮安县）/ 41
草塘火龙 / 42
黄糕粑制作技艺 / 43
高台舞狮 / 44
苗族芦笙长鼓舞 / 45
布依山歌十八调 / 46
云雾贡茶手工制作技艺 / 47
布依族糯食制作技艺 / 48

苗族雷公舞 / 49
胡三帖 / 50
刺梨干制作技艺 / 51
苗族果乐（古歌） / 52
苗族跳洞——数芭 / 53
苗族服饰 / 54
苗族"系郎周" / 55
苗族"数格"祭祖节 / 56
龙里苗族芦笙曲 / 57
龙里太平花灯 / 58
苗族跳月 / 59
长安土布扎染手工制作工艺 / 60
芦山手工土纸制作工艺 / 61
布依族吹打乐 / 62
布依族三月三 / 63
苗族谷蔺布制作技艺 / 64
榜郎歌 / 65
翁贵造纸工艺 / 66
马路屯堡地戏 / 67
长顺姊妹箫 / 68
广顺中元会 / 69
独山愿灯 / 70
布依族响篙舞 / 71
盐酸菜制作技艺 / 72
布依族莫歌 / 73
布依族耍猫叉 / 74
独山虾酸制作技艺 / 75
独山手工制香技艺 / 76
基长迎龙习俗 / 77
水族卯节 / 78
水族婚礼 / 79
水族祭祖 / 80
水族服饰 / 81
水族双歌 / 82
水族医药 / 83

水族九阡酒酿造技艺 / 84
水族铜鼓舞 / 85
水族弦鼓舞 / 86
水族敬霞节 / 87
水族豆浆染制作技艺 / 88
水族历法 / 89
水族古歌 / 90
水族牛角雕技艺 / 91
布依族小年 / 92
水族棋艺 / 93
雯当姆 / 94
瑶族打猎舞 / 95
水族民间酿酒技艺 / 96
水族石雕（荔波县） / 97
布依族酿酒技艺 / 98
瑶族树膏染技艺 / 99
布依族"固欻"习俗 / 100
古法红糖制作技艺 / 101
瑶族婚俗（瑶族凿壁谈婚习俗） / 102
瑶族陀螺竞技 / 103
布依族器乐演奏绝技 / 104
布依八音 / 105
藤编技艺 / 106
布依族水龙节 / 107
布依族土布制作扎染工艺 / 108
拉来寨苗族夜乐舞 / 109
董架阳戏 / 110
苗族芦笙舞 / 111
布依族"洒向" / 112
苗族冬节年 / 113
亚鲁王 / 114
苗族猴鼓舞 / 115
古法制糖技艺 / 116

后　记 / 117

国家级非物质文化遗产

国家级非物质文化遗产

水书习俗

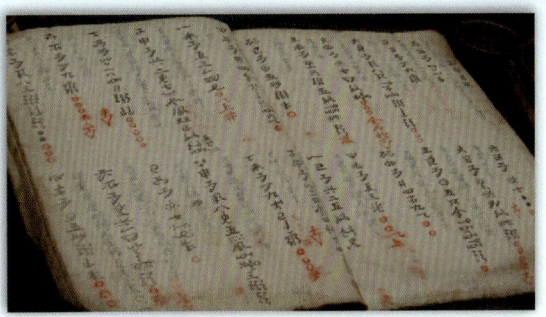

　　水书是水族古文字或使用这种文字抄写的书籍的总称，水族称之为"泐睢"。在水族的社会生活中，水书是水族社会生活的"百科全书"，在丧葬、祭祀、婚嫁、营建、出行、占卜、节令、生产等方面，都受水书的制约。在水书文化精神的作用下，水族人形成了独特而神秘的"水书习俗"。

　　水书结构多为象形文字，它保留着水族的远古文明信息，被人们誉为"象形文字的活化石"。水书习俗广泛流传于三都水族自治县、荔波县、都匀市、独山县等水族聚居区。

　　2006年，经国务院批准，水书习俗被列入首批国家级非物质文化遗产代表性项目名录。

水族端节

　　水族端节，是水族最盛大的传统年节。在水历年末、岁首的谷熟时节（对应夏历8~10月），以亥日计算过节日期，按照宗族血缘关系为活动主体分批轮流过节。过节批次较多，原分9批，现为7批，首尾间隔约50天，被誉为"世界上最长的年节"。

　　端节体现了水族古老的历史文化信息和水族本土文化，其内涵十分丰富，反映水族稻作文化的特征，反映水族古代血缘氏族部落分批庆贺丰收的祭典遗风，节日集中地传承铜鼓舞、斗角舞、芦笙舞、对歌等艺术表演形式。端节大多集中流传在都柳江上游地区，即以三都水族自治县水族聚居区为中心辐射到四周的都匀市、独山县、荔波县，以及丹寨、榕江等县乡镇的水族村寨。

　　2006年，经国务院批准，水族端节被列入首批国家级非物质文化遗产代表性项目名录。

国家级非物质文化遗产

水族马尾绣

　　水族马尾绣是水族妇女世代传承的古老而独特的手工技艺，具有悠久的历史传统和广泛的群众基础，其制作手法独特，主要材料为马尾毛和丝绒等，制作好的马尾绣精美绝仑、华丽精致，具有浮雕质感。其图案古朴、典雅、抽象，具有固定的框架和模式，体现了水族人民对生活的感受以及对美好事物的追求。

　　马尾绣题材多为花、鸟、虫、鱼、龙、凤等，极富水族韵味和艺术效果。马尾绣的主要流传地为三都水族自治县境内的三洞、中和、廷牌、塘州、水龙、恒丰等乡镇。

　　2006年，经国务院批准，水族马尾绣被列入首批国家级非物质文化遗产代表性项目名录。

鼓龙鼓虎·长衫龙

鼓龙鼓虎·长衫龙苗语为"打容打阻·阿冗玓"，是流传在贵定县新铺乡小花苗聚居区的一种苗族芦笙舞蹈，是集鼓点、芦笙、舞蹈为一体的综合艺术形式，至今已有上千年的历史。每年农历二月初一封寨和重大庆典祭祀活动时，各家各户纷纷出资出粮并穿上盛装，聚集于古神树之下，祭祖龙神虎神，祈求风调雨顺、五谷丰登。既表现了对原始龙、虎的崇拜，又表现了人民祈盼平安、渴望硕果丰收的喜悦之情。鼓龙鼓虎·长衫龙芦笙调式明快，曲调起伏曲折，把原始、古朴、粗犷、神秘等特征表演得淋漓尽致。

2006年，经国务院批准，鼓龙鼓虎·长衫龙被列入首批国家级非物质文化遗产代表性项目名录。

国家级非物质文化遗产

瑶族猴鼓舞

瑶族猴鼓舞瑶语称"玖格朗",源于荔波县瑶山瑶族先民从广西迁徙荔波经捞村时,途遇危难被一群山中神猴解危救难并一路保护。后瑶民为纪念先祖的迁徙之苦和神猴护送之功,模仿先祖爬山涉水的情景及神猴攀爬跳跃的神态起舞而成的舞蹈。久而久之,这种祭祀先祖和纪念神猴的舞蹈演化为瑶族丧葬祭祀活动中的一个重要仪式,它是白裤瑶民族祭祀先祖的民间祭舞。

猴鼓舞的传承方式至今仍保持着家族口传心授的形式,具有独特的民族特色和远古的遗风。

2008年,经国务院批准,瑶族猴鼓舞被列入第二批国家级非物质文化遗产代表性项目名录。

牙舟陶器烧制技艺

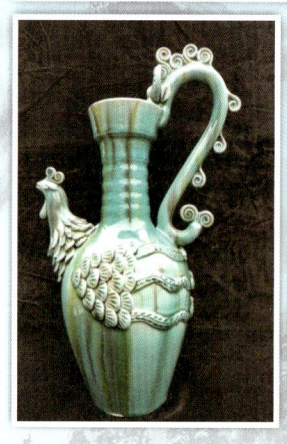

　　牙舟陶的历史可上溯到明代洪武年间，距今已有600多年。牙舟陶器工艺精湛，以造型古朴敦厚著称，在中国陶瓷界独树一帜，极具观赏性和艺术性。牙舟陶属自然龟裂的玻璃釉型工艺，产品多为生活用具及陈设品，动物玩具和祭祀器皿，其中，杯、盘、壶、虎、牛、狗、马等可供家庭摆设、装饰用，又称美术陶。其特点造型自然古朴，线条简洁明快，色调淡雅和谐，具有浓重的出土文物神韵。牙舟陶瓷色泽鲜艳、晶莹光润、神韵别致、富有浓厚的民族特色，在中国陶瓷界独树一帜，极具艺术性、观赏性和收藏价值。牙舟陶器制作技艺主要流传于平塘县牙舟镇。

　　2008年，经国务院批准，牙舟陶器烧制技艺被列入第二批国家级非物质文化遗产代表性项目名录。

国家级非物质文化遗产

毛南族打猴鼓舞

　　毛南族"打猴鼓舞"又叫"猴鼓舞",是毛南族的民间舞蹈之一,发源于平塘县卡蒲毛南族乡甲坝村甲翁组,是毛南族人在丧事习俗中由巫师表演的民间舞蹈。反映巫术礼仪、丧葬驱魔、避邪求吉、敬奉精灵等内容,传承至今已有600多年历史。

　　"猴鼓舞"舞蹈动作粗犷豪迈、机灵朴素、古朴刚劲,体现了毛南族人对美好生活的渴望,反映了毛南族的民风民俗和图腾意识,是研究毛南族民族文化、民族习俗的活化石。毛南族打猴鼓舞主要流传在平塘县卡浦毛南族乡、者密镇六硐、河中一带。

　　2008年,经国务院批准,毛南族打猴鼓舞被列入第二批国家级非物质文化遗产代表性项目名录。

枫香染制作技艺

枫香染制作技艺使用的原料为枫香树脂和牛油，两者按一定比例混合后用文火熬制过滤而成。制作人用毛笔蘸上枫香牛油在土布上描绘出各种图案，然后把描好图案的土布放入染缸中染色，再经过沸水脱脂、清水漂洗、晾晒后，一件枫香染制品基本完成。

蓝色和白色是构成枫香染的灵魂要素，简单的靛蓝染料与枫香牛油巧妙结合，或蓝底白花或白底蓝花，加上自然产生的冰裂纹效果，使枫香染的韵致与青花瓷有异曲同工之妙。浓淡天成，散发着人文与自然融合的素雅之风，蕴含着丰富的传统文化内涵，具有较高的实用价值与学术研究价值，是探索布依族文化传承与发展不可多得的"不需出土的文物"。枫香染制作技艺主要流传于惠水县东南部的雅水镇及周边布依族聚居区。

2008年，经国务院批准，枫香染制作技艺被列入第二批国家级非物质文化遗产代表性项目名录。

好花红调

好花红调，也称"惠水山歌调"，源于布依族民歌《好花红》，该民歌发源于惠水县好花红乡一带的布依族村寨。

好花红调是布依族人智慧凝聚的文化遗产，其简约明快、悠扬委婉的曲调和清新简练、寓意深远的歌词，表现了布依族人民清新优美的审美情趣，反映出布依族人民醇厚多情的性格品质和激越向上的精神风貌，成为布依族特定的民族文化符号。它既是古老布依族音乐的遗存，也是布依族传统文化变迁的实证，具有一定的学术价值和艺术价值。好花红调主要流传于黔南州惠水、长顺、龙里、贵定等县的布依族地区，基本上概括了这一带布依族民歌的格调风貌。

2008年，经国务院批准，好花红调被列入第二批国家级非物质文化遗产代表性项目名录。

独山花灯

　　独山花灯是民间文化艺术形式之一，它兴盛于清末民初，在其漫长的发展过程中，兼收并蓄其他艺术成分，逐渐形成具有独山特色的民间戏曲艺术，是贵州南路花灯的代表。

　　独山花灯戏剧剧目有140余出，是已十分成熟的地方剧剧种。作为贵州南路花灯的主要代表，独山花灯艺术具有较高的文化传承价值，并以其活泼的形式、优美的音乐和幽默的语言，成为雅俗共赏、喜闻乐见的一种民间艺术。独山花灯主要流传于独山县内各乡镇。

　　2008年，经国务院批准，独山花灯被列入第二批国家级非物质文化遗产代表性项目名录。

国家级非物质文化遗产

布依族傩戏

荔波布依族傩戏传承发展至今已有400多年的历史，布依语称之为"管桥"，即"做桥"之意。傩戏的形式主要分为正戏和副戏两种，正戏以反映自然和神灵为特征；副戏则以反映历史人物和典故为特征。

"傩戏"取材于中国古代征战故事，揉进神话传奇，杂以乡间吉语，集话剧、歌剧、舞剧为一体。傩面具均用木质材料雕刻而成，造型奇特，色彩神秘，栩栩如生，服装更是瑰丽多彩，其舞姿粗犷，娱人娱神，独具特色。布依族傩戏主要流传于荔波县内各乡镇。

2010年，经国务院批准，布依族傩戏被列入第三批国家级非物质文化遗产代表性项目名录。

布依族医药（益肝草秘方）

　　布依族医药（益肝草秘方），是流传于贵定县布依族民间的一种中草药秘方，是布依族祖先在利用中草药医治乙肝疾病的过程中积累而成的民间药方，具有用药简单易找、配方科学、疗效显著的特点。经过长期验证，该秘方对各类肝病均有疗效，对肝病防治也有积极的作用。

　　2013年，经国务院批准，布依族医药（益肝草秘方）被列入第四批国家级非物质文化遗产代表性保护名录。

都匀毛尖茶制作技艺

都匀毛尖茶制作技艺带有鲜明的地域文化特色，在全国名茶中独树一帜。都匀毛尖茶传统手工制作技艺细腻、流程复杂，加工过程中全凭艺人的视觉、听觉、嗅觉、手感等经验。制作技艺靠老艺人言传身教、世代相传。传统手工制作的都匀毛尖茶外形条索卷曲，色泽鲜绿，白毫显露，香气扑鼻，汤色清澈，滋味鲜浓，回味甘甜，叶底淡黄明亮，具有优质绿茶特色。

从明代开始，都匀毛尖茶始以贡茶、名茶闻名于世，明代崇祯皇帝赐名"鱼钩茶"，清代有官办茶园进行加工制作，民国四年（1915年）巴拿马赛会获得优奖。都匀毛尖茶制作技艺主要流传于都匀市毛尖镇等地。

2013年，经国务院批准，都匀毛尖茶制作技艺被列入第四批国家级非物质文化遗产代表性保护名录。

黔南非物质文化遗产图文集

水族剪纸

水族剪纸历史悠久，流传广泛，世代相传，水族小女孩十一二岁便拿起剪刀学习剪纸。水族剪纸题材主要有喜鹊、鹰、锦鸡、蜻蜓、蝴蝶、蜜蜂、龙、鱼、虾、螃蟹、青蛙、鸡、兔、牛、猪、虎、狮、鼠、人、花、树叶等。展示方式有某种动植物形象的单独展示或动物与植物的混合展示，无论哪种展示方式都被描绘得栩栩如生。

水族剪纸民间艺人以无比丰富的想象力和强烈的浪漫主义精神，将大自然各种美的物象与人的审美意念融为一体，使水族剪纸妙趣横生、生动感人。水族剪纸主要流传于都匀市归兰水族乡。

2013年，经国务院批准，水族剪纸被列入第四批国家级非物质文化遗产代表性保护名录。

国家级非物质文化遗产

旭 早

"旭早"为水族语言，即水族双歌，是三都县水族人民喜闻乐见的一种说唱艺术。水族双歌多演唱于水族的婚丧嫁娶、立房盖屋、节日庆典等场合，水族双歌分为两类，一类是敬酒、祝贺、叙事的双歌；另一类是带有寓言性质说唱结合的双歌。

2021年，经国务院批准，旭早被列入第五批国家级非物质文化遗产代表性项目名录。

省级非物质文化遗产

省级非物质文化遗产

布依族扫寨

　　都匀布依族扫寨祭祀过程分为开坛、起坛、扫家。开坛：祭祀前的准备（挂神像、佛像、各类祭祀用品）；起坛：祭祀过程（念经、做法、杀鸡、杀鸭、赤脚踩烧红的铁犁）；扫家：每家举行祭祀仪式驱妖避邪（主要供奉释迦牟尼、观世音等六佛、秦广王等十神。念《大乘经》《小乘经》《金刚经》《真言书》《如意书》等。祭祀、念经时所奏的乐器有13种之多）。布依族通过扫寨祭祀活动隔鬼驱魔，祈求神灵、佛祖赐福于人，保佑六畜兴旺、五谷丰登。主要流传于都匀市沙寨、摆忙、石龙、良亩、凯口、墨冲、平浪、江洲一带。

　　2005年，经贵州省人民政府批准，布依族扫寨被列入第一批省级非物质文化遗产代表性项目名录。

21

水族婚俗

　　都匀水族婚俗分为两个阶段，第一阶段为相亲：即择日子、请媒人、认亲、讲亲、定亲；第二阶段为婚礼：即接亲、梳妆、出阁、讨花、进亲、对歌、拜鞋、送客。水族婚俗是该民族现存文化传统的重要组成部分，"新娘不落夫家"，一次婚礼三次接新娘，此过程是其他民族婚俗中所没有的，极具研究价值。水族婚俗流传于都匀市归兰水族乡奉合、阳河、基场一带。

　　2005年，经贵州省人民政府批准，水族婚俗被列入第一批省级非物质文化遗产代表性项目名录。

省级非物质文化遗产

新场苗族祭天神

　　新场苗族相信天神是主宰世间生杀大权和人生吉凶的神灵,生儿育女是天神赐与人的福气,因此祖祖辈辈都有祭天神的习俗。新场苗族祭天神程序严谨、过程完整、行为规范、气氛庄重、色彩神秘、内容丰富,具有民族学、民俗学、原始宗教学等研究价值和观赏价值。仅在都匀市王司新场一带苗族聚居区流传。

　　2007年,经贵州省人民政府批准,新场苗族祭天神被列入第二批省级非物质文化遗产代表性项目名录。

绕家"呃嘣"大歌

绕家（现为瑶族）"呃嘣"大歌是在婚、嫁、造屋喜庆时唱的一种原生态、无伴奏、一人领唱、众人和音的民歌，从明洪武年间流传至今，历史悠久。演唱浑厚、深沉，苍劲而富于活力，其曲调源于古代协力劳动唱和舞蹈踏歌，是古代民族音乐的遗存，具有较高的音乐欣赏价值和历史研究价值。主要流传于都匀市匀东镇洛邦绕河一带。

2007年，经贵州省人民政府批准，绕家"呃嘣"大歌被列入第二批省级非物质文化遗产代表性项目名录。

水族"夺咚"

"夺咚"水语意指怀念先辈迁徙历史的铜鼓乐。"夺咚"属于都匀水族典型的悬挂非桶式奏法，击打铜鼓不用木桶共鸣，由一面木鼓和多面雄雌配对的铜鼓成奇数组合使用，并间以铁炮、芦笙、长号、响钹等配音。都匀市水族地区一直完整地保留端节和丧葬中演奏"夺咚"的习俗。

2015年，经贵州省人民政府批准，水族"夺咚"被列入第四批省级非物质文化遗产代表性项目名录。

水族银饰制作技艺

水族银饰通过20多道手工制作而成，包含铸炼、锤揲、錾刻、焊接、花丝、清洗等制作工序。水族银饰制作技艺主要流传于都匀市基场、奉合、阳和等水族聚居地。

2015年，经贵州省人民政府批准，水族银饰制作技艺被列入第四批省级非物质文化遗产代表性项目名录。

省级非物质文化遗产

布依族蓝靛染织技艺

布依族蓝靛染织技艺是以蓝靛染色后的棉、丝等天然纤维通过卧式织布机手工纺织成色织织物的传统工艺。采用该工艺的色织织物，是布依族群众日常所需的传统纺织品。布依族蓝靛染织技艺对都匀市布依族生产、生活、文化习俗、历史、风土人情有一定研究价值。

2019年，经贵州省人民政府批准，布依族蓝靛染织技艺被列入第五批省级非物质文化遗产代表性项目名录。

匀酒酿造技艺

匀酒酿造以高粱、小麦为主要原料，经传统固态法小曲糖化、大曲发酵，小窖制酒醅、大窖制香醅，香醅、酒醅串蒸，陈酿、勾调而成。都匀匀酒既有大曲酒的醇和芳香，又有小曲酒的绵柔回甜，素以酱头浓尾的复合香型著称，为贵州老八大名酒之一。

2019年，经贵州省人民政府批准，匀酒酿造技艺被列入第五批省级非物质文化遗产代表性项目名录。

省级非物质文化遗产

瑶族"过冬"

都匀瑶族"过冬",又称"绕家年"或"过绕年","冬节"从每个农历冬月逢第一个"寅"日开始延续4天结束。节日期间举行祭河神、芦笙跳月舞、板凳舞、绕家"呃嗨"等民俗活动。

2019年,经贵州省人民政府批准,瑶族"过冬"被列入第五批省级非物质文化遗产代表性项目名录。

瑶族板凳舞

都匀瑶族板凳舞属打击乐舞蹈，一般为四三拍，节奏明朗欢快。经过不断演变，现板凳撞击的轻重缓急已发展为四二拍、四四拍。

2019年，经贵州省人民政府批准，瑶族板凳舞被列入第五批省级非物质文化遗产代表性项目名录。

省级非物质文化遗产

苗族服饰

都匀苗族服饰制作工艺主要包括拧线、纺纱、织布、漂染、捶布、晾晒等工序。漂染须经过"十染十漂十捶""两浸""两刷""两蒸""加色"。苗族服饰搭配多种饰品，款式繁多，色彩丰富。

2019年，经贵州省人民政府批准，苗族服饰被列入第五批省级非物质文化遗产代表性项目名录。

清水江杀鱼节

　　杀鱼节是福泉清水江边王卡村苗族独有的民族节日，它既是苗族远古渔猎社会在农耕时代的仪式性记忆，也是渔猎文化向农耕文化过渡的文化遗存，是集民族、宗教、文化、社交、体育、娱乐为一体的社会事象，蕴涵着清水江两岸苗族人民久远的历史变迁和源远流长的宗教意识，对研究当地苗族的历史、文化、民俗、宗教等方面和丰富民族文化生活都具有一定的价值和意义。

　　2005年，经贵州省人民政府批准，清水杀鱼节被列入第一批省级非物质文化遗产代表性项目名录。

省级非物质文化遗产

福泉阳戏

福泉阳戏前身叫"元皇宝坛",由内坛和外坛两部分组成,共有48坛。内坛以祭祀仪式的形式出现的24坛法事具有还愿的性质,故民间又称为"还愿戏",有"上刀山、下火海""顶华盖""悬钩钓斗"等特技表演。内坛法事演出不戴面具。外坛主要是戏剧表演,一般称为"戏",以娱乐为主,其间还夹杂着花灯表演。有《楚汉相争》《萧何追韩信》《霸王别姬》等100余个剧目,具有较强的娱乐功能。外坛戏剧表演须戴面具着装演出,演出前需搭台、设坛,祭祀阳戏所敬奉的神祇。主要留传于福泉市东北部的龙昌镇黄土哨村、地松镇沙子坎村和城厢镇的马田村。

2005年,经贵州省人民政府批准,福泉阳戏被列入第一批省级非物质文化遗产代表性项目名录。

6·24民族节日活动——二郎歌会

福泉6·24民族传统节日——二郎歌会,是福泉(原平越)人因崇敬李二郎治水的功绩而供奉祭祀他,并祈其降福保佑。二郎歌会起源于明代,至今已有五六百年的历史。每年农历6月24日,在城关(今金山、城厢)、马场坪、陆坪、牛场、仙桥等地会同时举行祭祀活动,抬二郎神游街。祈雨结束后,群众跳芦笙舞、唱情歌、劝世歌,青年男女以歌寻爱,以歌会友,代代相传,表达了人们对美好生活的向往。

2007年,经贵州省人民政府批准,6·24民族节日活动——二郎歌会被列入第二批省级非物质文化遗产代表性项目名录。

省级非物质文化遗产

阔龙水花灯

　　福泉阔龙水花灯始于清光绪末年（1908年），至今已有上百年历史。据《平越直隶州志》记载："藜峨风俗，正月十三日前，城市弱男童崽饰为女装，双环低缀，翠翅金钗，鲜衣服，半臂拖袖，手提花蓝灯，联扶缓步，逶蛇而行。每至一处，绕亭而唱。"福泉阔龙水花灯，形式上可分为"地灯""台灯""愿灯""灯夹戏"等几种，地灯的主要内容有"参神""开财门""十打"等节目。

　　2007年，经贵州省人民政府批准，阔龙水花灯被列入第二批省级非物质文化遗产代表性项目名录。

张三丰传说

张三丰，名全一，字君宝，号邋遢道人，辽宁懿州人，生于元朝，成道于元、明。张三丰在福泉山修道期间，留下众多诗、词和书法以及自画像，福泉山也因此而名声大振，明初成为蜀中十大道场之一，有"藜峨道院冠黔南"之誉。张三丰的传说在平越广泛流传，道教文化迅速发展，一批极富道教特色的观阁寺庙、石刻摩崖遍布平越城。

2019年经贵州省人民政府批准，张三丰传说被列入第五批省级非物质文化遗产代表性项目名录。

省级非物质文化遗产

苗族麻布制作技艺

福泉仙桥至今仍传习原始古老的苗族麻布手工制作技艺，麻布是苗族百褶裙的最佳材料，当地苗族妇女仍保留每年制作两条麻布百褶裙的习俗。整个制作过程完整再现了古代农耕社会苗族家庭自给自足的情景。

2019年，经贵州省人民政府批准，苗族麻布制作技艺被列入第五批省级非物质文化遗产代表性项目名录。

布依族"龙王节"

布依族"龙王节",是每年农历六月十三,福泉龙昌镇龙井村布依族祭祀龙王,祈求风调雨顺、五谷丰登、保人畜平安的民族传统节日。

2019年,经贵州省人民政府批准,布依族"龙王节"被列入第五批省级非物质文化遗产代表性项目名录。

省级非物质文化遗产

灯夹戏（福泉市）

福泉灯夹戏独具魅力，演出时演员们画上脸谱、穿上戏服、手持道具，以锣鼓、二胡、板胡等民间乐器伴奏，形式为唱、说相结合。代表剧目有《辕门斩子》《杨宗保临阵招亲》《三英战吕布》等20余折，现逐渐演变为祈愿风调雨顺、保佑四方寨邻平安健康、祈福成功后还愿的仪式。

2019年，经贵州省人民政府批准，灯夹戏（福泉市）被列入第五批省级非物质文化遗产代表性项目名录。

苗族搓梗仔采阿诗舞

　　瓮安玉山苗族搓梗仔采阿诗舞蹈又名"九龙穿洞"，一般在传统的三月三、六月六或婚丧嫁娶、重大喜庆时表演。舞蹈以芦笙手领舞、众人伴舞的形式表演，舞蹈动作与人们的生产劳动有着密切关系，如仿插秧、薅土等。

　　2015年，经贵州省人民政府批准，苗族搓梗子采阿诗舞被列入第四批省级非物质文化遗产代表性项目名录。

省级非物质文化遗产

灯夹戏（瓮安县）

瓮安平定营灯夹戏，是花灯夹川戏的一种艺术表演形式，巧用一则花灯表演完毕后的空余时间，及时穿插一场川戏，花灯、川戏轮流出场，内容、形式接连更替，两班人马轮番出台，使观众眼花缭乱、目不暇接。

2015年，经贵州省人民政府批准，灯夹戏（瓮安县）被列入第四批省级非物质文化遗产代表性项目名录。

草塘火龙

瓮安草塘火龙历史悠久，也叫大弯龙，用金竹篾条编扎，分头、身、尾三节，每节各自断开，故又称断头龙。在龙身部分继续分节，节数为奇数，每节设有插烛座，供玩龙时燃烧蜡烛照明。每年正月十五晚上，草塘的男女老少用特制烟花嘘龙闹元宵，场面惊险、刺激。

2015年，经贵州省人民政府批准，草塘火龙被列入第四批省级非物质文化遗产代表性项目名录。

黄糕粑制作技艺

　　黄糕粑是瓮安有名的民间小吃，其制作历史悠久，它以富含锌、硒的糯米为主要原料，含有人体所需要的维生素锌、硒等微量元素，具有较高的营养价值。成品色泽深黄、软糯爽口、竹香四溢，无白糖自甜，可炸、蒸、烤、煎后食用。

　　2019年，经贵州省人民政府批准，黄糕粑制作技艺被列入第五批省级非物质文化遗产代表性项目名录。

高台舞狮

　　瓮安草塘高台舞狮具有杂技艺术特色。高台以5至7张大方桌一层层叠垒而成，总高度近8米。高台舞狮伴随响器的节奏，以自由灵活的技艺表演，把杂技、体育、舞蹈融为一体，表演者配合默契协调，动人心魄。

　　2019年，经贵州省人民政府批准，高台舞狮被列入第五批省级非物质文化遗产代表性项目名录。

省级非物质文化遗产

苗族芦笙长鼓舞

　　苗族芦笙长鼓舞据考证为隋唐时期文化遗存，距今已有1千多年的历史，当时设礼仪教化、倡导芦歌鼓舞，以进行祭祀、庆典等活动。在海葩苗族人民最隆重的祭祀性活动"牛打场"中，长鼓舞是不可缺少的重要组成部分，是集铜鼓、长鼓、芦笙为一体、配以女子群舞的综合艺术形式。主要流传于贵定县西南部的海葩苗族聚居区。

　　2007年，经贵州省人民政府批准，苗族芦笙长鼓舞被列入第二批省级非物质文化遗产代表性项目名录。

布依山歌十八调

布依山歌十八调，即同一段歌词的十八种演唱曲调，所用曲调根据不同的喜庆环境和场面而定。作为贵定布依族文化遗产，无论是曲调还是歌词，都深深刻着不同时代的文化烙印，对研究当地布依族古代道德伦理、文学、音乐及民俗学、历史学等方面，都有一定的参考价值和研究价值。

2007年，经贵州省人民政府批准，布依山歌十八调被列入第二批省级非物质文化遗产代表性项目名录。

省级非物质文化遗产

云雾贡茶手工制作技艺

　　云雾贡茶也称鸟王茶，为我国历史名茶，素有"啜饮天之雨露，吮吸地之精华"之称，早在隋唐时期就成为皇家贡品，云雾贡茶经过四道传统手工制作工序精心制作而成，茶叶因品质优异、内质过硬、色泽银绿、汤色绿黄、回甘力强而饮誉海内外。清嘉庆十年（公元1805年），贵定云雾苗族同胞为保护贡茶生产，也为规避侵犯"贡茶"行为发生，曾立"云雾贡茶产地界碑"，界定了云雾贡茶原产地范围。

　　2009年，经贵州省人民政府批准，云雾贡茶手工制作技艺被列入第三批省级非物质文化遗产代表性项目名录。

布依族糯食制作技艺

每年农历四月八,贵定县布依族妇女会将采集来的植物枝叶根茎洗净,分门别类砍碎、舂绒、煮沸,然后取汁浸泡糯米,糯米将会被分别染成亮黑色、嫩黄色、粉红色、紫蓝色、赭红色等各种颜色,最后将浸染好的花糯米用木甑子蒸熟后倒在簸箕中搅拌凉而成。

2009年,经贵州省人民政府批准,布依族糯食制作技艺被列入第三批省级非物质文化遗产代表性项目名录。

省级非物质文化遗产

苗族雷公舞

苗族雷公舞,苗语称"宋阿格叔",又意译为送雷公,是贵定县定东苗族村寨法事活动中的一种舞蹈。表演者头戴法帽、身着法衣、开脸画面,在按规定安排好的神案、神祇前且歌且舞,相互唱和,行诸舞咏,诙谐调弄,带有浓厚的宗教色彩。

2015年,经贵州省人民政府批准,苗族雷公舞被列入第四批省级非物质文化遗产代表性项目名录。

胡三帖

贵定苗药胡三帖是胡氏传统医药百年秘传的济世良方。早在明代，胡氏医药就因置于地窖的陈年药酒有如观音菩萨净瓶中的甘露，可以普济众生，为民解除病痛，被称为"观音露"，对治疗各种顽固疼痛和肌体障碍疾病有神奇疗效，世称"胡三帖"。

2015年，经贵州省人民政府批准，胡三帖被列入第四批省级非物质文化遗产代表性项目名录。

刺梨干制作技艺

刺梨干制作技艺是贵定历史悠久的传统手工技艺，已经过100多年的传承，仍继承和保持手工制作。过程为采摘刺梨、切片洗净、磨刺去籽，用瓦罐熬制，加入蜂蜜、陈年杜仲、苦丁等配方药物，文火熬至12小时后取出，柴火为灶，烘36小时，至干为完成。

2019年，经贵州省人民政府批准，刺梨干制作技艺被列入第五批省级非物质文化遗产代表性项目名录。

苗族果乐（古歌）

　　苗族果乐（古歌）起源于远古，是苗族祭祖中的重要内容，主要叙述苗家历史，古歌押韵顺口、含意深刻、感人肺腑。凭口传心记，一辈传一辈沿袭下来，最早只是念，由记忆超群的长者当坛师。随着时间的流逝，为了便于记忆，后演变成为有旋律的哼唱小调的方式传承至今，龙里摆省果里一带的"果乐"古歌更演变成多声部曲调，旋律优美、寓意深刻。

　　2007年，经贵州省人民政府批准，苗族果乐（古歌）被列入第二批省级非物质文化遗产代表性项目名录。

省级非物质文化遗产

苗族跳洞——数岜

龙里摆省苗族跳洞，也称为"跳场舞"。是当地苗族用芦笙抒发情怀，以跳洞祭祖活动缅怀祖先，祈盼来年风调雨顺、国泰民安，体现当地苗族独特的文化情怀。

2015年，经贵州省人民政府批准，苗族跳洞——数岜被列入第四批省级非物质文化遗产代表性项目名录。

苗族服饰

　　龙里苗族服饰是苗族历史演化中沿袭千年的文化积淀，苗族服饰制作主要包括种棉、种蓝靛、捻线、纺织、靛染、裁缝、刺绣、挑花、织锦、镶缀饰物等，整个环节包含了独特的民俗和传统技艺。

　　2015年，经贵州省人民政府批准，苗族服饰被列入第四批省级非物质文化遗产代表性项目名录。

省级非物质文化遗产

苗族"系郎周"

苗族"系郎周","系"是接的意思,"郎周"是六月的意思。"系郎周"意为情郎阿哥接粽子,情妹阿妹包粽子送情郎。海葩苗族青年男女通过正月"坐花场"结识,四月"糯糯稻"相知,六月份由阿妹用"系郎周"的形式来表达对情郎的情思巧寄,是龙里海葩苗族男女青年独特的爱情表达形式。

2019年,经贵州省人民政府批准,苗族"系郎周"被列入第五批省级非物质文化遗产代表性项目名录。

苗族"数格"祭祖节

　　苗族"数格"祭祖节是用水牯牛举行祭祖活动的节日,活动时间为每年农历六月到七月。"数"有举行、参与、祭祀等意,"格"指用水牯牛举行祭祖仪式的活动场。主要流传于龙里、惠水一带苗族地区。

　　2019年,经贵州省人民政府批准,苗族"数格"祭祖节被列入第五批省级非物质文化遗产代表性项目名录。

龙里苗族芦笙曲

龙里苗族芦笙曲，流传于龙里县境内的苗族支系——红毡苗聚居区，是当地苗族在丧葬祭祀和喜庆娱乐时吹奏的乐曲。苗芦笙曲据传有72曲，还有启奏曲和丧曲，每支曲子都有不同的芦笙词，表达不同的内涵和意义。芦笙曲吹奏时，音调时而明快、时而舒缓，节奏感强烈。

2019年，经贵州省人民政府批准，龙里苗族芦笙曲被列入第五批省级非物质文化遗产代表性项目名录。

龙里太平花灯

龙里太平花灯戏历史悠久，底蕴深厚。流程有亮灯、拜师、拜灯、表演、花灯五个环节。其舞台戏特征是手不离扇、帕，载歌载舞，扮演上有开脸谱的生、旦、净、丑角色。传统戏目有《打龙袍》《截江救主》《大战芦花荡》《千里走单骑》等38个，另有踩茶12堂和开财门多套。

2019年，经贵州省人民政府批准，龙里太平花灯被列入第五批省级非物质文化遗产代表性项目名录。

省级非物质文化遗产

苗族跳月

苗族跳月是龙里中部苗族村寨每年举行的规模盛大的民俗活动，苗语称为"甚碧让"。苗族跳月活动历时近半个月，共有四个场地，每个场地活动三天，第一天为热场、第二天为正场、第三天为尾场。

2019年，经贵州省人民政府批准，苗族跳月被列入第五批省级非物质文化遗产代表性项目名录。

长安土布扎染手工制作工艺

长安土布扎染手工制作工艺已有百余年的传承历史，是惠水布依族传统印染工艺中独具风格的一种手工技艺。主要用于布依族嫁妆床单、被面、枕套、头巾等，是布依族婚俗中不可或缺的重要组成部分。主要流传于惠水县长安乡及周边布依族聚居区。

2007年，经贵州省人民政府批准，长安土布扎染手工制作工艺被列入第二批省级非物质文化遗产代表性项目名录。

省级非物质文化遗产

芦山手工土纸制作工艺

芦山手工土纸制作工艺历经200年左右，堪称中国古代造纸的"活化石"，是农耕文化影响至今的非物质文化遗产，具有历史、文化和科学的研究价值。主要流传于惠水芦山镇芦山、硐口、羊马、雅羊一带，是当地部分农民祖辈传承至今的传统手工副业。

2007年，经贵州省人民政府批准，芦山手工土纸制作工艺被列入第二批省级非物质文化遗产代表性项目名录。

布依族吹打乐

惠水长安布依族吹打乐迄今已有近500年历史，吹打乐队由8人组成，吹、敲、打各具特色，相互点缀，相互协调。吹打乐有"长调"和"小调"之分。长调主要用于丧事场合，表达对亡者的追思和缅怀，曲调悠扬婉转，多用四二节拍；小调主要用于婚庆、祝寿、立房造屋等喜庆场合，曲调慷慨激昂，热情奔放，多用四四节拍。

2009年，经贵州省人民政府批准，布依族吹打乐被列入第三批省级非物质文化遗产代表性项目名录。

省级非物质文化遗产

布依族三月三

布依族三月三是广泛流行于惠水涟江流域布依族聚居区的民族节日，与布依族原始宗教和稻作文化密切相关。随时间的推移，演变为以布依族青年男女对歌、谈情说爱为主，辅以其他健康的娱乐活动的群众性民族节日活动。

2009年，经贵州省人民政府批准，布依族三月三被列入第三批省级非物质文化遗产代表性项目名录。

苗族谷蔺布制作技艺

苗族谷蔺布制作技艺，流传于惠水县城东南部摆金鸭寨村、谷把村一带，距今已有300多年历史，是苗族传统手工纺织技艺的典型代表。谷蔺布的纺织制作有30多道工序，一般只在苗族妇女之间传承。

2015年，经贵州省人民政府批准，苗族谷蔺布制作技艺被列入第四批省级非物质文化遗产代表性项目名录。

省级非物质文化遗产

榜郎歌

榜郎歌，苗语叫"啯榜郎"，"啯"（ngod）译为歌，"榜郎"（bangs langl）指水牯牛，榜郎歌是惠水等地苗族在杀水牯牛祭祀时唱诵的祭祀性礼仪古歌，内容恢弘磅礴，涵盖开天辟地、古今神鬼，记述着苗族的历史文化、天文地理、伦理道德、生产生活、人情世故，是苗族的一部百科全书。

2019年，经贵州省人民政府批准，榜郎歌被列入第五批省级非物质文化遗产代表性项目名录。

翁贵造纸工艺

据《广顺州志》记载,翁贵造纸作坊到明朝万历年间已具规模,清朝乾隆年间被列为地方税上纳,且作为朝庭贡品,史称"翁贵纸"。翁贵造纸手工作坊,是中国古代造纸作坊的缩影,是蔡伦造纸工艺的"活化石",翁贵造纸工艺对研究我国古代造纸工艺有着重要的参考价值。主要流传于长顺县长白山翁贵河中游两岸。

2007年,经贵州省人民政府批准,翁贵造纸工艺被列入第二批省级非物质文化遗产代表性项目名录。

省级非物质文化遗产

马路屯堡地戏

　　马路屯堡地戏又叫傩戏、跳神。表演内容以"家将书"（岳家将、杨家将、薛家将、狄家将等）为主，一般每年表演两次，一次是正月初五到十五，另一次是七月初十到十五。表演剧目有《大反山东》《五虎平西》《精忠传》等。马路屯堡地戏从明朝初年代代相传，至今已有600多年历史，被誉为戏剧的"活化石"，具有一定的民族文化研究价值。主要流传于长顺县北部地区。

　　2007年，经贵州省人民政府批准，马路屯堡地戏被列入第二批省级非物质文化遗产代表性项目名录。

长顺姊妹箫

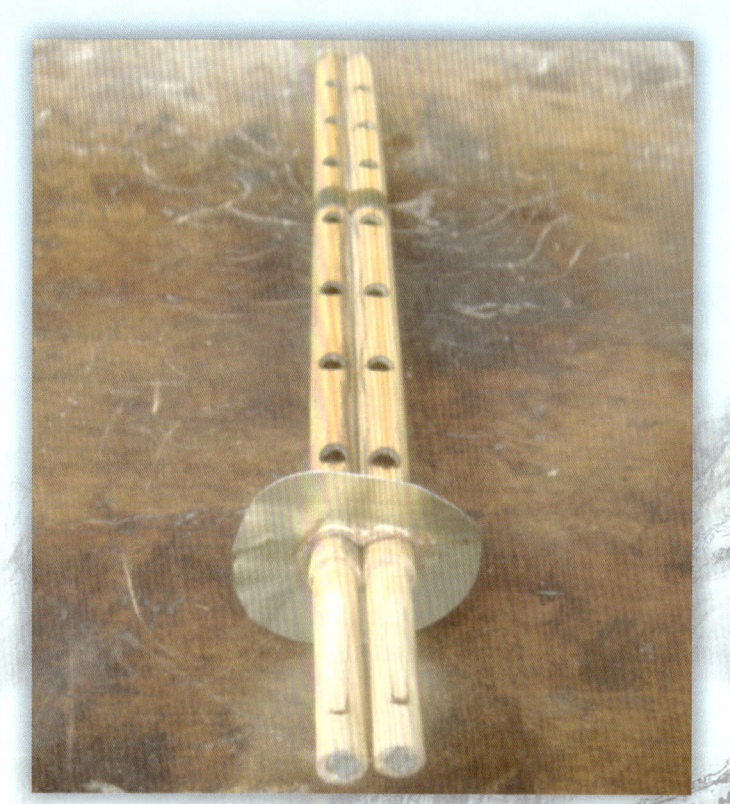

　　长顺"姊妹箫",当地苗语叫"嗒嘀珑",它是一种竹制的双管竹唢呐,声音清脆明亮,旋律优美动听。因是由两根音高相同的竹子唢呐绑在一起的双管唢呐,故称其为姊妹箫。

　　2009年,经贵州省人民政府批准,长顺姊妹箫被列入第三批省级非物质文化遗产代表性项目名录。

省级非物质文化遗产

广顺中元会

中元会又称"抬神"。长顺广顺城皇庙供有"城皇老爷"塑像，每年七月半，当地群众用八抬大轿将"城皇老爷"从城皇庙中请出，用真人扮演济公、穆桂英等人物形象，组成游行队伍，游遍大街小巷，边唱边舞，前来观看中元盛会、朝山拜佛的人群络绎不绝。

2019年，经贵州省人民政府批准，广顺中元会被列入第五批省级非物质文化遗产代表性项目名录。

独山愿灯

独山愿灯主要功能是驱鬼镇邪、招财求子、消灾除病、酬神还愿，故称愿灯。愿灯是独山基场布依族为了酬神或喜事庆贺而举行的一种以请神、酬神、祈神、送神为基本内容，将祭祀仪式与表演结合进行的独特表现形式。经过长期发展，成为着装、化装，管、弦、弹拨乐器伴奏，加入折子戏演出的内容较为丰富的表演形式。

2005年，经贵州省人民政府批准，独山愿灯被列入第一批省级非物质文化遗产代表性项目名录。

省级非物质文化遗产

布依族响篙舞

布依族响篙舞为独山布依族覃、莫两家祖辈传承之舞。源于覃、莫两家丧葬仪式中的打竹竿驱邪之俗，并逐步扩展演化成逢年过节、婚丧嫁娶、歌场立房、丰收祭灶中以舞祈求平安，表达丰收喜悦、新婚快乐、老少安康的娱乐性舞蹈。主要流传于独山本寨丙怀、基长坡头、甲里峰洞、打羊墨寨等地。

2007年，经贵州省人民政府批准，布依族响篙舞被列入第二批省级非物质文化遗产代表性项目名录。

盐酸菜制作技艺

独山盐酸菜是独山布依族人民世代传承的酱腌菜类传统风味食品，其制作技艺历史悠久，至今已有500余年。主要以十字花科属青菜为原料，配以甜酒、冰糖、辣椒、大蒜等辅料腌制而成，制作过程有30余道工序。独山盐酸菜色鲜味美，脆嫩可口，具有酸、甜、咸、辣之独特风味。

2009年，经贵州省人民政府批准，盐酸菜制作技艺被列入第三批省级非物质文化遗产代表性项目名录。

省级非物质文化遗产

布依族莫歌

独山布依族莫歌已有200多年的历史，演唱无指挥、无伴奏、无曲谱、跌宕起伏，旋律自然、优美、随意性强，其独特的二声部、多声部重唱的演唱技巧，可以与驰名中外的"侗族大歌"相媲美。

2015年，经贵州省人民政府批准，布依族莫歌被列入第四批省级非物质文化遗产代表性项目名录。

布依族耍猫叉

　　猫叉是独山麻尾一带布依族村民狩猎、护寨的工具，逐渐演变成为独特的武术器械，形如牛角镰刀，两刀中间嵌入一截梭镖头，多为钢刀木把，分为大、中、小三种型号。耍猫叉作为一种民间传统武术，有"老牛摆尾""白鹤亮翅""流星赶月"等8招56式，舞动起来虎虎生风，刚劲有力。

　　2019年，经贵州省人民政府批准，布依族猫叉被列入第五批省级非物质文化遗产代表性项目名录。

省级非物质文化遗产

独山虾酸制作技艺

　　独山虾酸制作技艺以小河虾为主要原料，利用虾体所含的蛋白酶，在多种微生物的共同作用下，对河虾中的蛋白质、脂肪等成分进行发酵分解，酿制而成。制成的虾酸味鲜美、酸、辣、营养丰富，含有氨基酸、肽、有机酸、钙、碘等多种矿物质和维生素。

　　2019年，经贵州省人民政府批准，独山虾酸制作技艺被列入第五批省级非物质文化遗产代表性项目名录。

独山手工制香技艺

独山手工制香技艺，有采集香叶、晾晒、研磨成粉、配制香粉香粑香面、制作小竹条、擀香、提香、晾晒、成品等十余道制作工序。手工香香味浓郁，有清热解毒、祛风除湿、止血行气、驱蚊灭虫等功效。

2019年，经贵州省人民政府批准，独山手工制香技艺被列入第五批省级非物质文化遗产代表性项目名录。

省级非物质文化遗产

基长迎龙习俗

独山基长迎龙习俗,分为开光、请龙出山、请水、出游等部分。迎龙习俗每年正月十五前举行,当地群众身着节日盛装,怀着无比虔诚的心情迎接金龙,祈祷龙兴万物、主丰收、兴云作雨、降魔伏怪。

2019年,经贵州省人民政府批准,基长迎龙习俗被列入第五批省级非物质文化遗产代表性项目名录。

水族卯节

水族卯节是在水历9月、10月的卯日分四批过，卯日开放3天，让水族未婚青年男女以歌传情、以歌示爱，自由对歌择偶，故有"东方情人节"之称。水族卯节主要流传于三都水族自治县九阡镇和荔波县的水族聚居区。

2005年，经贵州省人民政府批准，水族卯节被列入第一批省级非物质文化遗产代表性项目名录。

省级非物质文化遗产

水族婚礼

水族婚礼主要有说媒、相亲、请水书先生推算生辰八字、吃小酒、订亲、恋爱、出嫁、结婚等过程，沿用至今。流传于三都水族自治县水族聚居区。

2009年，经贵州省人民政府批准，水族婚礼被列入第二批省级非物质文化遗产代表性项目名录。

水族祭祖

供奉祖先,水语叫"敬公""宇伦公"。水族祭祖是颇具民族特色的祭祖活动,是水族祖先崇拜的体现,无论是节日、丧葬、婚嫁、建房等大事,水族都要祭祀祖先,求得祖先赐福禳灾,保佑诸事顺畅、子孙平安。

2007年,经贵州省人民政府批准,水族祭祖列入第二批省级非物质文化遗产代表性项目名录。

水族服饰

水族服饰是心灵手巧的水族妇女将自己种植的棉花纺织成布，再缝制而成的服饰。棉花要经过除籽、弹花、搓棉花、纺线、倒线、煮线、浆线等一系列工序后，才能上织布机织成布匹，再将织成的布匹染上颜色，最后裁剪做成衣服。三都水族自治县水族服饰具有全国代表性。

2007年，经贵州省人民政府批准，水族服饰被列入第二批省级非物质文化遗产代表性项目名录。

水族双歌

　　水族双歌，水语称为"旭早"，是水族群众喜闻乐见的一种说唱艺术，演唱于婚丧嫁娶、立房盖屋、节日宴会等场合。双歌分为两类，一类是敬酒、祝贺、叙事双歌；另一类是有说有唱，兼有简单表演的综合艺术型说唱结合的双歌。流传于三都水族自治县境内。

　　2007年，经贵州省人民政府批准，水族双歌被列入第二批省级非物质文化遗产代表性项目名录。

省级非物质文化遗产

水族医药

　　三都水族人民通过长期的生产、生活实践，积累了丰富的医疗经验，在技法上有洗、蒸、泡、剥、研、磨、煎腌、沤、烧、选、榨、舂、煨等几十道制作工序，有问、望、触等诊法以及内服、外敷、针刺、刮痧、小夹板固定、拔火罐、洗浴等疗法，逐步形成独具特色的水族医药。

　　2007年，经贵州省人民政府批准，水族医药被列入第二批省级非物质文化遗产代表性项目名录。

水族九阡酒酿造技艺

水族九阡酒酿造技艺是水族民间的一种传统酿造技艺，因其中心流传地为三都九阡，故名"九阡酒"。九阡酒主要是以当地糯米为原料，采集山中126种草药制成酒曲，利用当地特有的水质、气候等，采用传统手工酿制技艺生产出来的低度米酒。九阡酒香型独特、味道醇正、色泽金黄，是水族自饮和待客的佳酿，也反映了水族生活习俗和水族酒文化。

2009年，被贵州省人政府批准，水族九阡酒酿造技艺被列入第三批省级非物质文化遗产代表性项目名录。

省级非物质文化遗产

水族铜鼓舞

　　水族铜鼓舞是三都水族民间舞蹈,水语称为"丢压"。水族铜鼓舞为集体舞,人数、老幼不限,一般在端坡或村寨院落晒坝进行,舞者围铜鼓成圈,沿逆时针方向舞动。舞蹈动作有移步、抉踢步、牵手移步、转圈、背转等五个,以铜鼓、木鼓伴奏。

　　2009年,经贵州省人民政府批准,水族铜鼓舞被列入第三批省级非物质文化遗产代表性项目名录。

水族弦鼓舞

水族弦鼓舞，以其特有的舞蹈动作和造型，反映出水族人民粗犷、稳健、勤劳、淳朴的性格特征。对于研究三都水族的民族文化和民族学、民俗学、美学等方面具有一定的学术价值。

2009年，被贵州省人民政府批准，水族弦鼓舞被列入第三批省级非物质文化遗产代表性项目名录。

省级非物质文化遗产

水族敬霞节

敬霞节是水族以血缘家庭为单位，各村寨联合举行祈祷雨水的民间信仰活动。"霞"是水神，也称霞神，司掌风调雨顺、人寿年丰。该活动每十二年举行一次，意在祈求五谷丰登、风调雨顺、人丁兴旺，流传于三都、荔波等县的水族聚居区。

2009年，经贵州省人民政府批准，水族敬霞节被列入第三批省级非物质文化遗产代表性项目名录。

水族豆浆染制作技艺

水族豆浆染制作技艺是流传于三都水族聚居区的一种古老而独特的手工印染技艺。其技法特点及效果类似于蜡染，但与蜡染相比，它具有印染成本低、工效高、可批量生产的特点。

2015年，经贵州省人民政府批准，水族豆浆染制作技艺被列入第四批省级非物质文化遗产代表性项目名录。

省级非物质文化遗产

水族历法

水族历法简称"水历",是水族的传统历法,至今有近600年的历史,主要以天干地支纪历,按农事活动及物候来划分季节和月份,以农历九月为岁首,有大建、小建划月法,也有纪元历元过程。流传于三都水族聚居区。

2015年,经贵州省人民政府批准,水族历法被列入第四批省级非物质文化遗产代表性项目名录。

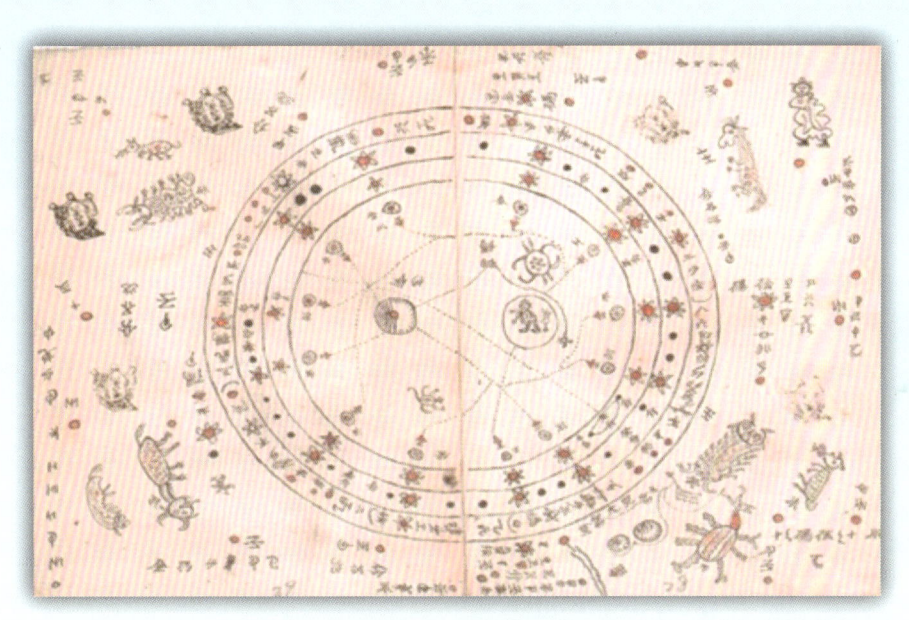

水族古歌

三都水族古歌因其流传历史久远和叙述远古的历史、传说而被称为"古歌"。多采用传统的赋、比、兴和排比、拟人、设问、复沓等多种修辞或艺术表现手法，每首歌句子长短不一，有三言句、四言句、五言句和七言句，以七言句居多，有时也混合使用。

2019年，经贵州省人民政府批准，水族古歌被列入第五批省级非物质文化遗产代表性项目名录。

水族牛角雕技艺

水族牛角雕制作是三都水族雕制艺人因材施艺，运用圆雕、浮雕、镂空、镶嵌等传统雕刻技法，将牛角精雕细琢，反复抛光而成的技艺。雕刻图案多是水族民间传说、水书文字、花鸟虫鱼、龙凤太阳等。工艺虚实相间，疏密有致，大胆取舍，极富艺术感染力。

2019年，经贵州省人民政府批准，水族牛角雕技艺被列入第五批省级非物质文化遗产代表性项目名录。

布依族小年

　　布依族"小年"即布依族的春节，被三都布依族群众视为一年中的岁首。根据布依族古历推算，每年冬月最末一天为除夕，农历的腊月为布依族的正月，"小年"持续到腊月初十，有整整10天。

　　2019年，经贵州省人民政府批准，布依族小年被列入第五批省级非物质文化遗产代表性项目名录。

省级非物质文化遗产

水族棋艺

　　水族棋艺是种类繁多的三都水族传统民间棋类游戏的总称。是水族人民非常喜爱的一项活动，历史悠久，主要有棋三、棋达、棋塔、棋灌、棋广五种类型。

　　2019年，经贵州省人民政府批准，水族棋艺被列入第五批省级非物质文化遗产代表性项目名录。

雯当姆

雯当姆即矮人舞，是荔波布依族民间独有的舞蹈艺术，其历史悠久、内涵丰富、情趣盎然、诙谐幽默，具有"东方卓别林"的美誉。它注重人物塑造，面具脸谱造型生动活泼，充分展现了布依族人民热情好客、风趣幽默、滑稽逗乐的豪爽性格。主要流传于荔波洞塘及翁昂布依族地区。

2005年，经贵州省人民政府批准，雯当姆被列入第一批省级非物质文化遗产代表性项目名录。

省级非物质文化遗产

瑶族打猎舞

　　瑶族打猎舞表演形式为群舞，人数不限，但需为偶数。全舞分为上山围猎、打熊、打野猪、打猴、生产舞等五个部分，表演中鼓点根据不同野兽的习性和特点敲击，使该舞呈现紧凑激烈、强弱对比分明的节奏效果和有蓄有发、张驰自如的动作特点。流传于荔波瑶麓青瑶地区。

　　2005年，经贵州省人民政府批准，瑶族打猎舞被列入第一批省级非物质文化遗产代表性项目名录。

95

水族民间酿酒技艺

荔波水族民间酿酒技艺是采用120种天然植物配制成酒药的技艺，以20多种民间糯稻为原料，用山泉水酿造，经过蒸煮、搅拌、装坛、保温、发酵、浸泡、装锅、备甑、慢火加温、入坛封存、入洞窖存等10多道工序。酒液色泽棕黄，状若稀释的蜂蜜，晶莹透亮，香味馥郁，清甜爽口，适量饮用，能助兴提神、舒筋活血，具有一定的药用、保健、益神、健脾作用。

2009年，经贵州省人民政府批准，水族民间酿酒技艺被列入第三批省级非物质文化遗产代表性项目名录。

省级非物质文化遗产

水族石雕（荔波县）

水族石雕传统技艺主要有筛选、开采、切割、打磨、绘制底稿等步骤，根据不同的需求采用不同的刀法进行雕刻。主要流传于荔波等地的水族聚居区。

2015年，经贵州省人民政府批准，水族石雕（荔波县）被列入第四批省级非物质文化遗产代表性项目名录。

布依族酿酒技艺

布依族酿酒技艺历史悠久,据《宋史·南蛮传》记载,唐时,布依族先民有"婚姻之礼,以牛、酒为聘"的习俗。荔波布依族以糯米窖酒最为著名,酒色泽棕黄、晶莹透亮、香味馥郁,适量饮用能助兴提神、舒筋活血。

2019年,经贵州省人民政府批准,布依族酿酒技艺被列入第五批省级非物质文化遗产代表性项目名录。

省级非物质文化遗产

瑶族树膏染技艺

　　荔波瑶族树膏染技艺的步骤为采集树膏、熬制、绘画、靛染、固色。以传统手法绘制图案，图案一般为五指纹、人形纹、回形纹、雷形纹等，体现了白裤瑶强烈的自然崇拜和祖先崇拜。

　　2019年，经贵州省人民政府批准，瑶族树膏染技艺被列入第五批省级非物质文化遗产代表性项目名录。

布依族"固偝"习俗

"固偝"是荔波布依族青年成婚后,双方父母择日为其举行的礼仪习俗。该习俗请5至8位礼仪先生设坛,请"圣母"神灵并举行3至6个昼夜的布依族"古歌"礼教唱颂。通过唱颂"古歌",牢记先祖的艰辛、父母的养育和师长的教育之恩。

2019年,经贵州省人民政府批准,布依族"固偝"习俗被列入第五批省级非物质文化遗产代表性项目名录。

省级非物质文化遗产

古法红糖制作技艺

荔波古法红糖制作技艺历史悠久，北宋王灼所著《糖霜谱》等书详细记录的古代甘蔗榨汁技术就是采用牛拉木辘多次压榨甘蔗的取汁法。主要有选料、榨汁、过滤、煮熬、凝固、起糖、成糖等工序。

2019年，经贵州省人民政府批准，古法红糖制作技艺被列入第五批省级非物质文化遗产代表性项目名录。

瑶族婚俗（瑶族凿壁谈婚习俗）

瑶族婚俗（瑶族凿壁谈婚习俗），是荔波瑶麓青瑶男女青年的恋爱形式。瑶族女子成年后，其父母在寮房木板壁上凿一个"谈婚洞"，瑶族称为"K笛"，意为"情侣孔"。每当夜阑人静的时候，瑶族男子来到谈婚洞前弹起独弦琴，若姑娘未醒，就将随身带来的小木棍插入"K笛"孔中，轻轻将姑娘拨醒，唱起古老的情歌《金姨》。

2019年，经贵州省人民政府批准，瑶族婚俗（瑶族凿壁谈婚习俗）被列入第五批省级非物质文化遗产代表性项目名录。

省级非物质文化遗产

瑶族陀螺竞技

　　瑶族陀螺竞技是荔波县境内白裤瑶自发组织形成的一种传统体育竞技，仅流传在荔波县瑶山瑶族乡的白裤瑶地区，是该民族在特定的人居环境和原始的生活方式下形成的独特娱乐方式，民间陀螺竞技比赛分为比准和比旋两种。

　　2007年，经贵州省人民政府批准，瑶族陀螺竞技被列入第二批省级非物质文化代表性项目遗产。

布依族器乐演奏绝技

　　布依族器乐演奏绝技为平塘克度金星村播瓦寨杨宗培受其父影响所创。杨宗培自幼喜爱民间器乐，5岁起先后学习二胡、笛子、唢呐等，1980年正式从事民间器乐演奏。20世纪80年代中期，他对姊妹箫、唢呐、胡琴、板胡、葫芦唱箫等乐器进行了改良和自制，形成了独特的演奏方式和风格。

　　2009年，经贵州省人民政府批准，布依族器乐演奏绝技被列入第三批省级非物质文化遗产代表性项目名录。

省级非物质文化遗产

布依八音

　　布依八音俗称"八大行",是流传于平塘塘边一带的一种民间表演艺术。表演形式热烈、古朴自然、风格独特。表演者手持的民间乐器包括大胡、中胡、金胡、三弦琴、月琴、笛子、竹点、八角琴等。布依八音曲目繁多,演奏的自创歌曲音色丰富,调式生动活泼、音域较为宽广,具有鲜明的布依族民间艺术特色。

　　2009年,经贵州省人民政府批准,布依八音被列入第三批省级非物质文化遗产代表性项目名录。

藤编技艺

　　藤编是一种传统工艺，具有实用性和艺术性，利用山藤编织各种器皿、家具等。藤编技艺始于民国初年，20世纪80年代藤编业成为平塘县克度镇的主导产业，被誉为贵州"藤编之乡"。

　　2019年，经贵州省人民政府批准，藤编技艺被列入第五批省级非物质文化遗产代表性项目名录。

省级非物质文化遗产

布依族水龙节

　　平塘布依族水龙节是布依族群众长久以来盛行的求雨祭祀活动。每逢天旱，当地群众便在农历六月六自发组织水龙节活动，整个活动时间为1至3天。水龙节综合展现布依族水文化、舞蹈文化、服饰文化和自然崇拜等。

　　2019年，经贵州省人民政府批准，布依族水龙节被列入第五批省级非物质文化遗产代表性项目名录。

布依族土布制作扎染工艺

布依族土布扎染工艺复杂，先用弹好的棉花纺成线，再把线挽成卷，用白芨浆加适量清水煮沸，将线清洗晒干后用染料染成各种颜色，用绞车绞成线裹，再将线裹放到布线器上布线、定格好，放到织布机上织。织出的土布有白土布、青兰土布、大小花格土布、苣折布、反纱布等。扎染土布色泽古朴、花纹美丽，布料厚实耐磨，具有冬暖夏爽、透气吸汗的特点。主要流传于罗甸县一带。

2005年，经贵州省人民政府批准，布依族土布制作扎染工艺被列入第一批省级非物质文化遗产代表性项目名录。

省级非物质文化遗产

拉来寨苗族夜乐舞

拉来寨苗名"哈拉""哈拉若诺",意即"水井"。夜乐舞在罗甸拉来寨已流传300多年,舞蹈多在过年、丧葬、祭祀等场合表演,为男女群舞,采用打击乐伴奏。该舞蹈明显区别于其他苗族舞蹈,有较高水准的击鼓技艺和动作技巧,调度上构图多变、场面宏大、风格红火热烈。

2007年,经贵州省人民政府批准,拉来寨苗族夜乐舞被列入第二批省级非物质文化遗产代表性项目名录。

董架阳戏

董架阳戏最早为傩祭，是罗甸董架布依族自然崇拜、祖先崇拜及"万物有灵"观念的产物。内容主要包括二十四戏、花戏、上刀山、下火海、悬心、吊心、卦等，用于贺新婚、祈福、祭祀、祝福生贵子和庆祝五谷丰登等。

2009年，经贵州省人民政府批准，董架阳戏被列入第三批省级非物质文化遗产代表性项目名录。

省级非物质文化遗产

苗族芦笙舞

　　苗族芦笙舞以罗甸县逢亭镇白家坡芦笙舞为代表,最初是在祭祀和丧葬时表演,表演时1人击鼓,2人、4人、8人、12人等吹奏对跳,动作优美、粗犷、奔放。流传于罗甸逢亭、纳坪、罗苏、罗暮等苗族聚居区。

　　2009年,经贵州省人民政府批准,苗族芦笙舞被列入第三批省级非物质文化遗产代表性项目名录。

布依族"洒向"

"洒向"为布依语,意为"完年"或"了年",是罗甸县春节布依族团聚、恭送祖先回家、宣告正月间走亲访友结束并开始农事生产的节气。

2019年,经贵州省人民政府批准,布依族"洒向"被列入第五批省级非物质文化遗产代表性项目名录。

省级非物质文化遗产

苗族冬节年

　　苗族冬年节，俗称"耗子年节""鼠节"，是罗甸沫阳平岩社区高兰村和弯兴村苗族群众以及相邻乡村的红苗支系苗族群众的民族节日，时间是每年冬月的最后一天。

　　2019年，经贵州省人民政府批准，苗族冬节年被列入第五批省级非物质文化遗产代表性项目名录。

113

亚鲁王

《亚鲁王》是罗甸苗族在丧葬场合唱诵的古歌,是叙述苗族先民在远古时期创世、战争、逃亡等综合性的苗族史诗。其表现形式以散文诗为主体,语言优美,灵活多样,有的用叙事形式朗读吟唱,有的用道白形式问答,传承苗民祖先坚忍不拔的精神。

2019年,经贵州省人民政府批准,《亚鲁王》被列入第五批省级非物质文化遗产代表性项目名录。

省级非物质文化遗产

苗族猴鼓舞

苗族猴鼓舞是流传在罗甸县沫阳镇平岩社区苗族居住地的一种传统民间祭祀舞蹈，因击鼓者动作独特，鼓点节奏层次丰富，极似猴子戏耍而得名。

2019年，经贵州省人民政府批准，苗族猴鼓舞被列入第五批省级非物质文化遗产代表性项目名录。

古法制糖技艺

古法制糖技艺是罗甸布依族人民在没有电的时代借助畜力，用传统方法将甘蔗中的糖汁挤压榨出来，再经手工熬制成砖糖作为日常生活甜品的制糖技艺。

2019年，经贵州省人民政府批准，古法制糖技艺被列入第五批省级非物质文化遗产代表性项目名录。

后 记

近年来，黔南州坚持以习近平新时代中国特色社会主义思想为统领，以《中华人民共和国非物质文化遗产法》为依据，按照"保护为主、抢救第一、合理利用、传承发展"的基本方针，以实施非物质文化遗产传承保护工程为抓手，大力培养、储备、集聚一批适应时代发展的非物质文化遗产传承人才，推动黔南非物质文化遗产资源传承保护和合理利用，全力助推脱贫攻坚和实施乡村振兴战略，不断满足人民群众对美好生活的多层次需要。《黔南州非物质文化遗产图文集》收集了黔南州15项国家级非物质文化遗产名录、106项省级非物质文化遗产名录图片，并配有文字说明，从而使此图文集具有资料性和观赏性。由于时间和其他原因，本书仅对国家级和省级非物质文化遗产名录图文进行了整理，同时，因编者水平能力有限，错误在所难免，恳请读者批评指正。

在《黔南州非物质文化遗产图文集》的收集整理和编辑过程中，得到了各县（市）文化广电和旅游局、州非物质文化遗产保护中心等的大力支持，在此表示真挚的感谢。

编者

2022年8月